ESTE LIBRO
PERTENECE A

Me llamo ....

Pega
aquí
una foto
tuya.

NIÑOS COMO YO

Nuestros cuentos favoritos

ESCRITO POR JAMILA GAVIN

ILUSTRADO POR AMANDA HALL

FOTOGRAFÍAS DE BARNABAS KINDERSLEY

TRADUCIDO POR ROSA ZUBIZARRETA

MARIUCCIA IACONI

SAN FRANCISCO

A DORLING KINDERSLEY BOOK
Original title: OUR FAVORITE STORIES
Copyright ©1997 Dorling Kindersley Limited, London

Recopilado y editado por Miriam Farbey **Directora de diseño** Paula Burgess
Investigación Jo Fletcher-Watson **Producción** Katy Holmes
Investigación del arte Joanne Beardwell **Diseño gráfico** Kim Browne
Traducción al español Rosa Zubizarreta **Diseño del texto español** Studio D'aria
Consulta editorial Alma Flor Ada **Asistente de traducción** Constanza Castro

MARIUCCIA IACONI

PRIMERA EDICIÓN, JUNIO DE 1997

ISBN 0-9628720-3-2
DERECHOS RESERVADOS © Título original:
OUR FAVORITE STORIES
Derechos del texto en inglés copyright © 1997 Jamila Gavin . Derechos sobre las ilustraciones copyright © 1997 Amanda Hall
Derechos sobre la recopilación copyright © 1997 Dorling Kindersley Ltd. . Derechos sobre la traducción al español copyright © 1997 Rosa Zubizarreta
Los derechos morales de la autora, la ilustradora, y la traductora han sido declarados.
Dorling Kindersley Limited, Londres, Inglaterra - Copyright © 1997
para los Estados Unidos de América por Mariuccia Iaconi
970 Tennessee Street . San Francisco . CA . 94107

Ancient Art & Architecture 41cr; Andrea/Kenneth Fink 46 clb; The Bridgeman Art Library 42bl,/ Board of Trustees of the V&A 43cra;
Christeis's Images 23cl; Bruce Coleman Collection/Jeff Foott Productions 18cra; /Luiz Marigo 10cla, /Mike Price 10flb;
Colorific!/Jose Azel/Aurora 30cl; Ecoscene/Julie Meech 29 cl; The Environmental Picture Library/ Jed Booth 8br; Mary Evans Picture Library 21 bl; 32 bc;
Robert Harding Pisture Library/Walter Rawlings 15clb, Cybil Sassoon 35cr; The Hutchison Library 37cr, 38cl 7bl; The Image Bank/Dan Coffey 24cr;
Image Select/Ann Ronan 20tr; Instituto Nacional de Anthropologiae Historia/Michael Zabe 6tr 7 tr, 14tr & 15cla; Frank Lane Picture Agency/ FW Lane 10bl;
Magnum/ Ernst Haas 15 cl; NHPA/B&C Alexander 25bl,/Nigel J Dennis 29cla, /EA Janes 43cr, /Haraldo Palo 10tl, /David Woodfall 10c; New Zealand Tourism Board 46cl;
Panos Pictures/Jim Holmes 27cl; Ann & Bury Peerless 36bl & br, 37br; Planet Earth/Richard Coomber 41tr, /Nikita Ovsyanikov 16cl, /David A Ponton 16bl;
South American Pictures/Tony Morrison 9bl; Viewfinder 31br; Vireo/J Dunning 6tl, 10fclb; Zefa 47tr, /Minden/F Lanting 28cr.

Reproducción de color por Bright Arts
Impreso en Italia . *Printed in Italy* . por New Interlitho
3,000 ejemplares

Índice

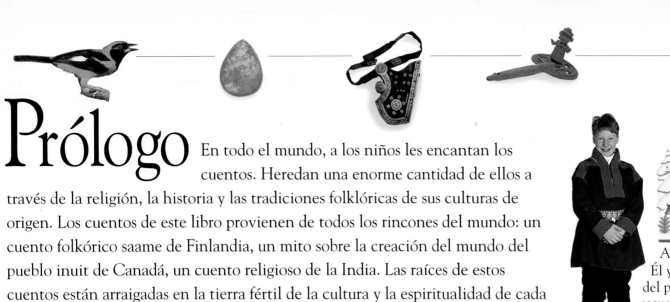

Prólogo

En todo el mundo, a los niños les encantan los cuentos. Heredan una enorme cantidad de ellos a través de la religión, la historia y las tradiciones folklóricas de sus culturas de origen. Los cuentos de este libro provienen de todos los rincones del mundo: un cuento folkórico saame de Finlandia, un mito sobre la creación del mundo del pueblo inuit de Canadá, un cuento religioso de la India. Las raíces de estos cuentos están arraigadas en la tierra fértil de la cultura y la espiritualidad de cada pueblo. Los temas se reconocerán con facilidad en todas partes: la batalla entre el bien y el mal, los peligros de la desobediencia y de la falta de respeto por la naturaleza, la importancia de la valentía y de la sabiduría. Llenos de misterio, gracia e inteligencia, estos cuentos han sobrevivido cientos de años, pasando de boca en boca, hasta convertirse en *Nuestros cuentos favoritos*.

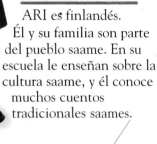

ARI es finlandés. Él y su familia son parte del pueblo saame. En su escuela le enseñan sobre la cultura saame, y él conoce muchos cuentos tradicionales saames.

RACHEL es francesa. Vive en el castillo de su familia, y las paredes de su cuarto están cubiertas con imágenes de gatos. Nuestro cuento francés es un cuento tradicional de un gato muy inteligente, el gato con botas.

HOUDA vive en la antigua fortaleza de un pueblo antiquísimo llamado Salé en Marruecos. Nuestro cuento marroquí trata de un rey que, hace mucho tiempo, construyó una ciudad aún más linda que el paraíso.

BAKANG vive en Botsuana cerca del desierto de Kalahari. Nuestro cuento de Botsuana es sobre una bruja mala del Kalahari a quien le gusta robarse a los niños de la vecindad.

MEENA es de la India. Ella es hindú, y nuestro cuento de la India es uno de los cuentos religiosos más importantes sobre los dioses y las diosas de la religión hindú. Nos cuenta del nacimiento de Krisna.

Círculo Ártic

Finlandia

EUROPA

Francia

Marruecos

AFRICA

Botsuana

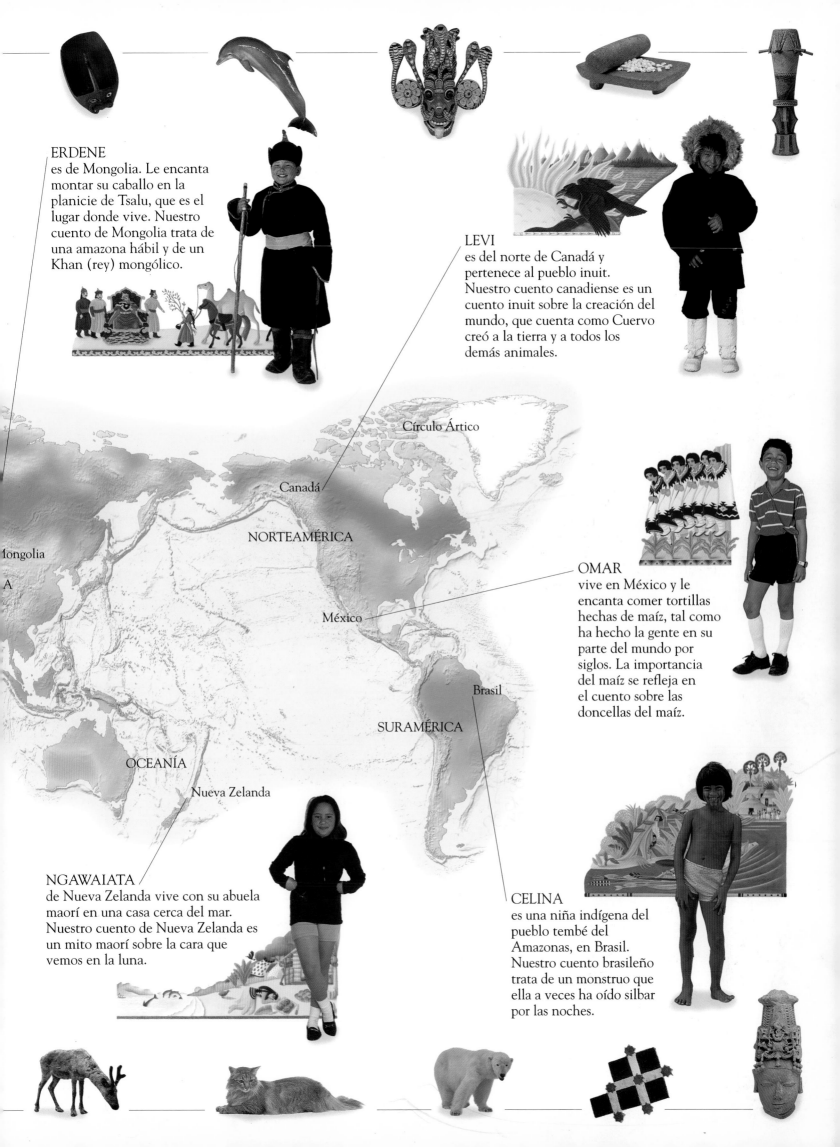

ERDENE
es de Mongolia. Le encanta montar su caballo en la planicie de Tsalu, que es el lugar donde vive. Nuestro cuento de Mongolia trata de una amazona hábil y de un Khan (rey) mongólico.

LEVI
es del norte de Canadá y pertenece al pueblo inuit. Nuestro cuento canadiense es un cuento inuit sobre la creación del mundo, que cuenta como Cuervo creó a la tierra y a todos los demás animales.

OMAR
vive en México y le encanta comer tortillas hechas de maíz, tal como ha hecho la gente en su parte del mundo por siglos. La importancia del maíz se refleja en el cuento sobre las doncellas del maíz.

NGAWAIATA
de Nueva Zelanda vive con su abuela maorí en una casa cerca del mar. Nuestro cuento de Nueva Zelanda es un mito maorí sobre la cara que vemos en la luna.

CELINA
es una niña indígena del pueblo tembé del Amazonas, en Brasil. Nuestro cuento brasileño trata de un monstruo que ella a veces ha oído silbar por las noches.

Círculo Ártico

Canadá

NORTEAMÉRICA

Mongolia

A

México

Brasil

SURAMÉRICA

OCEANÍA

Nueva Zelanda

El monstruo silbador

EN LO MÁS PROFUNDO DEL BOSQUE, donde hay seres maravillosos que se arrastran, que gatean, que vuelan y que resplandecen, donde el río Amazonas se enrosca como una gran serpiente, allí vivía un niño llamado Kanassa.

Kanassa siempre estaba alardeando. Dejaba saber a todos que era él quien trepaba los árboles más altos en busca de miel, y que nadie en el pueblo era más hábil para la pesca. Con frecuencia apuntaba sus flechas a los pájaros del bosque: los loros, los tucanes y las cacatúas, lo cual los molestaba muchísimo.

Kanassa llenó su canoa de víveres y partió río arriba.

CELINA
Celina Tembé vive en la selva del Amazonas en Brasil. Le encanta vivir allí, pero a veces tiene miedo de un monstruo imaginario que silba en el bosque.

SU HOGAR
La familia de Celina vive en una casa de dos habitaciones hecha de ladrillos de barro.

UN PESCADOR
Sergio, el hermano de Celina, pesca con arco y flechas, como hace Kanassa en el cuento.

EL RÍO AMAZONAS
El río Amazonas, el segundo más grande del mundo, serpentea por la selva brasilera.

El anciano le dijo a Kanassa que se cuidara del monstruo silbador.

Un día, alguien vio un enorme pez plateado río arriba.

—¡Yo atraparé ese pez! —alardeó Kanassa.

—¡Ay, Kanassa! —gimió su madre.

—¡Ay, Kanassa! —gimió su hermana.

—¡Ay, Kanassa! —gimió su vieja abuela—. No vayas a irte demasiado lejos, o el monstruo silbador te puede atrapar.

Kanassa se rió. —¡No se preocupen! ¡Yo no le tengo miedo a los monstruos!

Se pintó la cara y el cuerpo para mostrar su valentía. Llenó una *cabaça* con agua fresca y puso unos plátanos y calabacines en su canoa. Con su arco y sus flechas más afiladas, empezó a remontarse río arriba.

Remó por tres días sin ver señal alguna del pez. Al fin lo vio el cuarto día: brillaba como la luna y era tan grande como para darle de comer al pueblo entero.

Kanassa se puso de pie, con la canoa en tal equilibrio que no causó la menor onda en el agua. Puso una flecha en el arco y apuntó. Justo en el momento de soltar la flecha, oyó un silbido raro, largo y profundo que venía del bosque. La sangre se le heló en las venas. Kanessa se echó para atrás muerto de miedo.

Vio un círculo de humo que subía por encima de los árboles. Se acercó a la orilla del río y desembarcó.

"A lo mejor alguien de este pueblo sabrá quién hizo ese ruido tan raro" pensó.

Caminó bosque adentro hasta llegar a unas cuantas chozas de barro. Halló a un anciano sentado afuera.

—Señor, por favor, ¿qué animal hace ese silbido tan raro? —preguntó Kanassa.

El anciano parecía asustado.

—¡Vete a tu casa, niño! ¡Vete! Nadie que se ha cruzado con el monstruo silbador ha sobrevivido para contar la historia.

UN CARGADOR DE AGUA

Celina carga agua en una *cabaça* como la del cuento: un fruto de la selva que alguien ha secado y ahuecado.

PINTURA CORPORAL

Los indígenas tembé, como Celina y Kanassa, se decoran el cuerpo con una pintura roja de la planta *urucum*. Celina se pinta el cuerpo todos los días.

La pintura roja se prepara de semillas molidas.

LOS FRUTOS DEL BOSQUE

Las matas de plátano crecen en el bosque. Cada una tiene de 10 a 20 hojas, que pueden llegar a tener hasta 3.5 m (11.5 pies) de largo. El gran tallo central produce racimos de hasta 150 plátanos.

Una quinta parte de todos
los distintos tipos de
pájaros del mundo viven
en el Amazonas.

tucán grande

*carpintero
lomo crema
o
carpintero
amarillo*

pájaro toro

*cotorra
cabeciazul*

*guacamayo
jacinto*

*chenchena
o
hoacín*

*turpial
común*

*perico
dorado*

*cazamoscas tijereta
o
tirano cola de tijera*

*colibrí
dorsiazul
o
tucusito
moradito*

guacamayo rojo

"¡Bah!" pensó Kanassa. "Yo no le tengo miedo a los monstruos" y decidió regresar a su pesca.

En el camino de regreso, el bosque se fue haciendo cada vez más oscuro. Los pasos de Kanassa caían ligeramente sobre el suelo del bosque. Cuando Kanassa escuchó otros pasos que seguían a los suyos, se detuvo para oír mejor. Los otros pasos también se detuvieron. Entonces Kanassa oyó un silbido que parecía estar muy cerca y se echó a correr. Los otros pasos también comenzaron a correr.

El silbido se hizo más fuerte; Kanassa casi podía sentir el aliento del monstruo. Aterrorizado, se tiró detrás de una mata de plátano y se cubrió con las hojas. Entonces vio al monstruo. Era horrible, peor de lo que los ancianos del pueblo le habían contado. Todo cubierto de pelo, tan alto como un gigante, tenía garras en lugar de manos y una cola horrorosa que agitaba violentamente. Pero lo peor de todo era el agujero que tenía en la cabeza. De ese agujero salía el silbido.

Kanassa tembló y se estremeció de miedo. Sin querer sacudió las hojas, y el monstruo lo vio.

"¡Corre, Kanassa, corre!" gritó una voz en su interior.

Kanassa se echó a correr. El monstruó lo siguió, tropezando y haciendo un ruido espantoso. El terrible silbido se acercaba cada vez más.

—¡Auxilio! Socorro! —gritó Kanassa, pidiendo ayuda a cualquiera que lo oyese. Los pájaros del bosque lo oyeron.

—¿Por qué debemos ayudarte a tí? ¡Si te pasas el tiempo apuntándonos con tus flechas!

—¡Les prometo que nunca más lo haré! —rogó Kanassa.

Y los pajaros decidieron ayudarlo.

Cayeron sobre el monstruo como un viento fortísimo, revoloteando, picoteándolo y arañándolo. Le arrancaron el pelo y le rasgaron los ojos. Kanassa corrió y corrió hasta que llegó al río, se tiró en la canoa y se alejó de la orilla. En lo alto del cielo, los pájaros giraban como un arco iris.

—¡Muchísimas gracias! —les gritó Kanassa.

—¿Y el pescado? —se burló la gente a su regreso.

—No lo traje —aceptó Kanassa—. Pero ví al monstruo silbador, y logré sobrevivir para contarles la historia.

Pájaros fabulosos llegaron volando de los cuatro puntos cardenales para atacar al monstruo.

Las doncellas del maíz

LA VIDA HASTA ENTONCES HABÍA SIDO MUY DIFÍCIL. A veces el sol quemaba tan intensamente que la tierra se resquebrajaba; la lluvia no caía por meses y meses y los arroyos se secaban. Lo peor de todo era que el maíz no crecía y la gente se estaba muriendo de hambre.

OMAR
Omar Salazar vive en México, cerca de la ciudad costera de Cancún. Los indígenas pueblo vivían anteriormente en México; este cuento es parte de su tradición.

Entonces llegaron las doncellas del maíz; seis hermanas, que bailaban tomadas de la mano en los campos de maíz. Sus pies descalzos caían suavemente sobre los surcos profundos mientras alzaban al cielo rostros luminosos y cantaban: —¡Ven, sol! ¡Ven, lluvia! ¡Ayúdennos a que crezca el maíz!

El sol alumbró y la lluvia cayó. El maíz creció muy alto y las gentes del pueblo tuvieron una gran cosecha.

—¡Quédense con nosotros para siempre! —rogaron los habitantes del pueblo—. Les construiremos una casa, les ofreceremos alimentos y siempre tendrán nuestro respeto.

Las doncellas del maíz bailaron en los campos.

LA FAMILIA DE OMAR
La familia de Omar tiene una herencia mixta, española e indígena, como la mayoría de los mexicanos. Colonos españoles llegaron a México en el siglo XVI.

EL MAÍZ
Omar come muchas tortillas hechas de harina de maíz. El maíz ha sido siempre uno de los principales cultivos de los pueblos de Mesoamérica.

Y así fue que cada año las doncellas del maíz bailaban en los campos y cada año el maíz crecía muy alto. Pero con la prosperidad, la gente se volvió descuidada. Un año, las doncellas del maíz bailaron, pero la gente se olvidó de llevarles comida y dejaron de ser respetuosos. Las doncellas del maíz se entristecieron y luego se enfadaron. La hermana mayor, Maíz Amarillo, dijo: —Tenemos que marcharnos de este lugar. Dejemos que la gente vea qué pasa cuando no estamos aquí.

Antes de que la bruma matutina se esfumase, las seis doncellas del maíz se encaminaron hacia el sur. Fueron a visitar a Pautiwa, el hombre de los espíritus y le rogaron: —Por favor escóndenos hasta que la gente aprenda que no pueden prosperar sin nosotras.

Pautiwa llevó a las seis doncellas del maíz hasta el borde de un lago replandeciente y allí se convirtió en un pato. Estrechándolas bajo el ala, se sumergió con ellas hasta el fondo del lago.

Pautiwa y las doncellas del maíz se hundieron en el lago.

Al principio, los pobladores no se dieron cuenta de que las doncellas se habían marchado. Seguían como antes, confiando en que el maíz crecería como de costumbre. Pero ese año la cosecha fue muy pobre. El próximo año fue peor; y al siguiente, no hubo cosecha.

La gente fue a visitar al sacerdote. —¡Ayúdenos! —le suplicaron—. Aunque alumbró el sol y cayeron las lluvias, el maíz se marchitó. ¿Qué podemos hacer?

—¿Dónde están las doncellas del maíz? —preguntó el sacerdote.

Los habitantes del pueblo miraron a su alrededor. —Ya no las necesitábamos. Todo lo que hacían era bailar. Nosotros éramos los que trabajábamos día y noche en los campos. Se deben haber marchado.

—Encuéntrenlas —ordenó el sacerdote.

Paiyatuma estaba sentado, rodeado de mariposas.

UNA FLAUTA DE BARRO
La flauta es un instrumento muy popular en Mesoamérica y con frecuencia forma parte de las ceremonias religiosas indígenas.

VARAS SAGRADAS
Muchas culturas indígenas de América utilizan varas sagradas decoradas con plumas.

LA VIVIENDA
Los indígenas pueblo vivían en apartamentos de varios pisos con habitaciones interconectadas, que construían con ladrillos de barro.

La gente buscó en vano por todas partes. Luego alguien dijo:

—Debemos de ir a ver a Paiyatuma, el músico mágico. Sólo él nos podrá ayudar.

Paiyatuma vivía en lo alto de unas rocas por donde brotaba una cascada de agua, debajo de un arco iris eterno. Mientras la gente subía la montaña, podía oír la música que tocaba con su flauta. Era una música mágica. Nadie podía resistir su poder. Encontraron a Paiyatuma sentado, luciendo una corona de flores y rodeado de mariposas.

—¡Oh, Paiyatuma, músico bondadoso, favorecido por los dioses! Estamos muriéndonos de hambre porque las doncellas del maíz nos han abandonado. ¡Por favor, ayúdanos a encontrarlas!

Paiyatuma preparó cuatro varas sagradas de distintos colores: amarillo, rojo, azul y blanco. Ató una pluma de águila a cada vara, y luego las colocó en cada una de las cuatro direcciones: norte, sur, este y oeste. Aunque soplaba el viento, las plumas de la vara amarilla, la azul y la blanca no se movieron; pero la de la vara roja se mecía de un lado al otro.

—¡Ah! —sonrió Paiyatuma—. Las doncellas se fueron al sur. Es el aliento de ellas lo que mece la pluma. Yo los llevaré hasta allá.

Paiyatuma llevó la flauta a sus labios y comenzó a guiarlos hacia el sur tocando su música a lo largo del camino. Las notas iban cayendo como piedrecitas hasta el fondo de las relucientes aguas del lago donde dormían las doncellas del maíz.

El rodillo muele
las semillas.

PARA MOLER EL MAÍZ
Los metates eran objetos muy
comunes entre los indígenas
pueblo. Los utilizaban para
moler las semillas de maíz y
convertirlas en harina.

Las doncellas despertaron y quisieron bailar. Pautiwa subió con ellas hasta la superficie del lago. La gente cayó de rodillas al verlas, pidiéndoles perdón. —¡Por favor, regresen! —les rogaron—. Ahora sí sabemos cuánta falta nos hacen.

Pautiwa sacudió sus plumas y volvió a tomar forma humana. Vestía un largo manto blanco. —Sí —le dijo a las doncellas—. Ya es hora de que regresen.

Paiyatuma encabezó la marcha tocando su flauta. Las doncellas del maíz bailaban detrás de él, seguidas por la gente del pueblo. Pautiwa iba el último. Al fin llegaron al pueblo. Hubo tanto regocijo que el festín duró toda la noche. Pero justo antes del amanecer, las doncellas del maíz pusieron un metate lleno de semillas sobre el suelo. Paiyatuma puso su flauta al lado del metate. Luego desaparecieron en la oscuridad.

—¡No tengan miedo! —Pautiwa consoló a los habitantes del pueblo—. Aquí tienen las semillas del maíz y la flauta de Paiyatuma. Escojan a seis doncellas que quieran bailar y yo me quedaré aquí hasta que hayan aprendido la música y los bailes. Si se encargan de realizar los bailes fielmente cada año, el maíz siempre crecerá.

Y mientras los habitantes del pueblo aprendían, poco a poco, las canciones y las ceremonias, Pautiwa fue desvaneciéndose como la bruma del amanecer.

Los habitantes del pueblo recordaron siempre a las doncellas del maíz y el maíz siempre creció muy alto.

Las doncellas del maíz y los
pobladores regresaron bailando.

LEVI
Levi Eegeesiak vive en un pueblo remoto del norte de Canadá llamado Iqaluit. Levi pertenece al pueblo inuit. Los inuit son uno de los pueblos originarios del norte de Canadá.

EL SOL DEL ÁRTICO
El pueblo donde vive Levi queda tan al norte que yace dentro del Círculo Ártico. Durante el invierno, casi siempre reina la oscuridad. El sol sale solamente por dos horas al día, y el mar se congela.

LA BELLEZA DEL ÁRTICO
Durante el verano del Ártico, el sol brilla todo el día dando vida a un maravilloso mundo de plantas y animales.

La llegada de Cuervo

ANTES DE LA CREACIÓN DEL MUNDO, la oscuridad era tan negra como las alas de Cuervo. La oscuridad era Cuervo. Cuervo era Tulugaukuk, el Padre de la Vida.

Cuervo sintió que los bordes de sus alas se chamusqueaban mientras las chispas de sol volaban por el aire, iluminando toda su creación.

Cuervo extendió sus alas y bajó volando desde su casa en el cielo. Con poderosos aleteos, creó la tierra. Mientras descendía y se remontaba, creó las montañas, los árboles y las aguas caudalosas. Pero todo estaba en la oscuridad; tan negro como la noche eterna, tan oscuro como las alas de Cuervo. Y Cuervo ansiaba ver lo que había creado.

Algo relucía en el suelo, algo ardiente. Cuando volaron chispas de aquello por el aire, Cuervo pudo vislumbrar los océanos, los glaciares y los grandes bosques.

—Con esta piedra, podré ver lo que he creado —graznó el Cuervo muy contento. Se avalanzó sobre la piedra ardiente, la encerró en sus garras y la lanzó al cielo. La piedra era el sol.

El sol alumbró con una luz muy poderosa. Cuervo pudo ver su magnífica creación: las selvas, los desiertos y las praderas.

—¡Puf! —Cuervo se volteó justo a tiempo para ver una enorme vaina que se abría, dejando caer al suelo al primer ser viviente. La criatura estaba desnuda y asustada. Era un ser humano, el primer inuit. El hombre comenzó a gatear y luego se puso en pie. Con las dos manos empezó a buscar algo de comer. Gritó en voz alta:

—Tengo frío, tengo hambre. ¡Me siento muy solo!

—¡Ay de mí! —suspiró Cuervo, y creó el caribú, la foca, la ballena, la morsa, el oso y el buey. Ahora el hombre podía cazar para comer y para vestirse.

—Pero no tengo herramientas para la caza —lloró el hombre.

—Es verdad —dijo Cuervo—. Si te enseño cómo hacer un arco y flechas y una lanza, ¿me prometes que no cazarás más animales que los que necesites para vivir?

—¡Te lo prometo! —respondió el hombre.

Así que Cuervo le enseñó al inuit cómo hacer un arco y flechas y una lanza.

—Y, ¿quién cuidará del fuego mientras estoy de cacería? Y, ¿quién me acompañará en las largas noches frías? —lloró el hombre.

Con varios aletazos, Cuervo creó una mujer.

Con el tiempo, hubo más hombres y mujeres, y tuvieron hijos e hijas. Cortaron los bosques para hacer casas. Fabricaron hilo con los tendones de los animales y agujas con los huesos. Mataron más y más animales. Volviéndose cada vez más voraces, saquearon la tierra, el mar y el cielo, queriendo siempre más.

El primer hombre nació de la vaina de una planta.

EL CARIBÚ
Uno de los animales que Cuervo creó es el caribú, una especie de reno. El padre de Levi caza caribús para alimentar a su familia.

LA CAZA
Los inuits del cuento cazaban con arcos y flechas como éstos o con harpones (largas lanzas).

La gente se olvidó de su promesa a Cuervo y comenzó a matar más y más animales.

La tierra lloró adolorida y Cuervo escuchó su llanto.

—¡Ya no recuerdan su promesa, oh hombres y mujeres inuit, de tomar solamente lo necesario? —graznó el Cuervo enojado.

Pero los inuit ya no le hacían caso a Cuervo. Habían olvidado su promesa, y solamente se preocupaban por sus propios deseos. Entonces Cuervo tomó una bolsa de piel de caribú. Voló hasta el sol, lo cogió, lo metió en la bolsa y se fue volando hasta su casa en el cielo. La tierra se quedó perdida en la oscuridad.

Niño Cuervo lanzó el sol a través del cielo.

—¡Ay, ay, ay! —lloraban los inuit—. No podemos ver, no podemos calentarnos. Por favor, ¡devuélvenos al sol!

De vez en cuando, Cuervo se compadecía de ellos y destapaba la bolsa por unos cuantos días para que pudieran cazar.

Un buen día, Cuervo decidió buscar compañía. Le pidió a la Gansa de las Nieves que se casara con él y tuvieron un hijo llamado Niño Cuervo. A veces, Cuervo le mostraba a su hijo la bolsa de piel de caribú y el sol que yacía adentro. Niño Cuervo se sentía fascinado por esa piedra tan brillante.

Un día, mientras su padre dormía, Niño Cuervo se acercó cautelosamente a la bolsa para abrirla y ver el sol. Pero Cuervo se despertó y Niño Cuervo, temeroso de haber enojado a su padre, tomó la bolsa, se fue volando al otro lado del universo y se escondió.

Abajo en la tierra, sin nada de sol, todo comenzó a morir.

—¡Por favor sálvanos, Cuervo, Creador del Universo! ¡Devuélvenos el sol! —rogaron los inuit.

Cuervo se compadeció de ellos y fue en busca de su hijo. —¡Niño Cuervo! —graznó—. No te escondas de mí. Trae de vuelta al sol, ¡o el mundo que he creado morirá!

Niño Cuervo oyó los ruegos de su padre. Rompió la bolsa y lanzó al sol de un extremo al otro del cielo.

Pero para que los Inuit recordaran siempre lo terrible que era la oscuridad, Cuervo creó la noche y el día, el invierno y el verano. Y los inuit nunca volvieron a olvidarse de su promesa. Desde entonces respetan a todos los animales y se acuerdan de honrar a Cuervo.

ANIMALES EN PELIGRO
Hoy en día, tal como en el cuento, ha habido una cacería excesiva de los animales árticos. Las gentes de Europa y de América quieren pieles y otros productos animales. En protección, se han establecido algunas leyes para limitar la caza.

Los lobos marinos recién nacidos tienen la piel blanca para poder camuflarse sobre el hielo.

Los osos polares tienen pieles muy gruesas para protegerse del frío.

Las morsas se frotan los bigotes.

El gato con botas

El gato con botas se fue a buscar fortuna.

UN MOLINERO TENÍA TRES HIJOS. Era tan pobre que cuando murió, todo lo que pudo dejarles fue al mayor el molino, al segundo un burro y al tercero nada más que un gato.

—Tú no me servirás de nada —le dijo el hijo menor al gato—. Tendré que salir a buscar fortuna.

Pero ante la sorpresa del joven, el gato respondió: —¡No tengas tanta prisa! Obtenme un par de botas y una bolsa y yo me encargaré de conseguir tu fortuna.

Al recibir las botas y la bolsa, el gato se fue corriendo al campo donde llenó la bolsa con hojas de lechuga. Un pobre conejo que pasaba por allí metió las narices dentro de la bolsa para comerse un bocadito. Rápidamente, el gato cerró la bolsa y se fue derechito a ofrecerle el conejo al rey. —Su Majestad, mi señor, el Marqués de Carabás, le pide que acepte este humilde obsequio.

El rey aceptó complacido. Al día siguiente el gato regresó, esta vez con dos perdices. El rey quedó encantado con la generosidad del Marqués de Carabás.

Con su buen oído, el gato escuchó decir que el rey y su hija iban a dar un paseo por el río al día siguiente. Cuando llegó el momento, el gato le dijo al hijo del molinero que fuera a bañarse en el río. "¿Por qué no?" pensó el joven. Mientras tanto, el gato escondió la ropa de su amo y esperó a que pasara la carroza del rey.

¡Clip clop clip clop! Al oír que la carroza se acercaba, el gato comenzó a gritar: —¡Auxilio! ¡Socorro! ¡Mi amo se ahoga! Al ver al gato con botas, el rey ordenó a sus servidores que se lanzaran al río para salvar al Marqués.

—¡Oh señor! —exclamó el gato—. Unos ladrones se han robado la ropa de mi señor mientras se bañaba.

—No te preocupes. Yo me encargaré de todo —dijo el rey y ordenó que cubrieran al joven con una capa. Luego lo invitó a subir a la carroza

RACHEL
Rachel Hubert tiene doce años. Vive en el campo, en la región de Bordelais en Francia. Sus animales favoritos son los gatos.

EL CASTILLO
La casa de Rachel es un *château* o castillo que ha pertenecido a su familia desde 1715. La nobleza francesa, incluyendo a los marqueses, tradicionalmente vivía en grandes *châteaux*.

CHARLES PERRAULT
El gato con botas es un viejo cuento tradicional que Perrault recopiló en 1697. Nos muestra que el esfuerzo y la agudeza mental traen su recompensa.

real. La princesa quedó encantada e inmediatamente se enamoró del joven.

De regreso al palacio, el rey le ofreció al hijo del molinero un lujoso traje real. Ahora sí que parecía verdaderamente el Marques de Carabás, con un traje de terciopelo lleno de encajes y de ribetes de oro, una camisa de seda y unas altas botas de cuero. Y, ¡qué sombrero de plumas más admirable!

—Insisto en llevarlo a su casa —exclamó el rey—. ¿Dónde vive?

EL MOLINO
Los molinos molían el trigo, convirtiéndolo en harina para hacer el pan. Como a las ratas y a los ratones les gusta comerse el trigo, los molineros siempre tenían un gato en el molino para que los cazara.

El gato con botas le rogó al rey que salvara a su amo.

—Yo puedo covertirme en cualquier cosa —rugió el ogro.

EL TIEMPO DE LA COSECHA
Cada otoño, los campesinos cosechaban el trigo maduro para los dueños de las tierras. Hoy en día, Rachel puede ver cómo se cosecha el trigo usando máquinas.

La hoja de la segadora tiene forma de gancho.

Lleno de miedo, el hijo del molinero se dijo a sí mismo: "Aquí termina el juego. Cuando se den cuenta de que no vivo en un castillo, me cortarán la cabeza." Pero el gato contestó: —Mi señor vive en el castillo de Carabás. Yo me adelantaré y prepararé todo para la llegada de Su Majestad.

Por el camino, el gato atravesó praderas, campos y bosques.

—Si el rey pregunta por el dueño de estas tierras —les advirtió a los campesinos—, dirán que pertenecen al Marqués de Carabás, o usaré sus tripas como jarreteras. Luego se encaminó al inmenso castillo en la cima del cerro. Un poco más tarde pasó el rey con su hija y el hijo del molinero.

—¿Quién es el dueño de todas estas tierras? —preguntó el rey a los campesinos.

—Todo le pertenece al Marqués de Carabás —contestaron los campesinos, recordando las palabras del gato.

—¡Todo lo que veo le pertenece! —exclamó el rey lleno de admiración.

El hijo del molinero se encogió de hombros modestamente. Mientras tanto, el gato había llegado al castillo, que en realidad pertenecía a un temible ogro con poderes mágicos que devoraba a los hombres. El gato se acercó y tocó la puerta.

—¿Quién es? —vociferó el ogro.

—Soy yo, el gato con botas. He oído hablar de sus poderes mágicos, pero no lo puedo creer. ¿Es verdad que usted puede convertirse en cualquier cosa que desee?

—¡Por supuesto que sí! —rugió el ogro mientras abría la puerta.

—¡Pues, demuéstremelo! —le retó el gato.

El ogro era muy alardoso. Con un rugido se convirtió en un león. El gato inmediatamente saltó al techo para ponerse a salvo.

—¡Muy bien! —aplaudió el gato—. Pero estoy seguro de que no puede pasar de un león enorme a un pequeño ratoncito.

—¡Por supuesto que sí! —chilló el ogro, conviertiéndose instantáneamente en un ratón.

—¡Te atrapé! —maulló el gato, abalanzándose sobre él y tragándoselo de un solo bocado.

El hijo del molinero casi no lo podía creer cuando la carroza del rey se detuvo frente al enorme castillo, y allí estaba el gato dándoles la bienvenida. Los invitó a que pasaran y se sentaran a un espléndido banquete, el cual en realidad había sido preparado para la cena del ogro.

—Querido Marqués, quisiera pedirle que se casara con mi hija —balbuceó el rey mientras se secaba el vino de los labios.

—Encantado, Señor mío —contestó el hijo del molinero, que había quedado tan enamorado de la princesa como ella de él.

Y así fue que se casaron. En cuanto al gato, recibió un nuevo y lindísimo par de botas y nunca más tuvo que cazar ratones, salvo para divertirse.

LOS MÁS GRANDES Y LOS MÁS PEQUEÑOS
El león y el ratón son una pareja que aparece con frecuencia en los cuentos tradicionales. En este cuento, el gato anima al ogro a demostrarle el alcance de sus poderes mágicos. El ogro cae en la trampa y se convierte en la presa del gato.

Todos se dieron un festín con la cena del ogro.

ARI
Ari Laiti vive en el Círculo Ártico, en el norte de Finlandia. Su familia, como la familia del cuento, pertenece al pueblo saame.

LA OSCURIDAD DEL INVIERNO
En el invierno del Ártico, el sol casi no sale. Los vientos soplan por bosques cubiertos de nieve. A Ari no le gusta esta época oscura del año.

LA CAÑA DE PESCAR DE ARI
Ari es un excelente pescador, como Nastai y su madre.

EL REBAÑO DE RENOS
La familia de Nastai dependía de los rebaños de renos para su alimento y su vestido. Toni, el medio hermano de Ari, es pastor de renos.

El ingenuo saame

UN HOMBRE SAAME VIVÍA EN el bosque con su esposa y con su linda hija, Nastai. Como era un hombre muy ingenuo, dejaba que su mujer, que era muy hábil, fuera la que se encargase de todo. Ella sabía dónde cazar y pescar, dónde poner las trampas y anudar las redes. Era ella quien reunía los renos, curtía las pieles, cosía la ropa, cocinaba la comida y cuidaba el fuego.

La madre de Nastai pescaba en el lago.

Un triste día murió la madre de Nastai. Ahora era Nastai la que tenía que hacerse cargo de todo. Y así lo hizo y lo hacía todo muy bien.

Un día llegaron una mendiga y su hija. Habían oído hablar de este hombre al que, a pesar de ser muy ingenuo, todo le resultaba bien. Estaban tramando cómo apoderarse de todo lo que él tenía.

Y así fue que un día Nastai regresó del bosque y encontró a la mendiga y a su hija sentadas, una a cada lado del fogón, como si fuesen las dueñas de aquel lugar.

—¿Quiénes son ustedes? —preguntó espantada.

—Soy la nueva señora de la casa, y harás lo que yo mande.

—Pero..., ¿padre? —imploró Nastai.

Mas su padre ingenuo sólo asintió con la cabeza débilmente.

—¿Ya ves? Está de acuerdo. Ahora vete a la cocina y prepáranos la cena —gritó la horrible mujer.

Nastai se convirtió en su esclava. Hacía todo lo que le pedían sin recibir recompensa alguna.

Pero la mendiga odiaba la tierra saame. Odiaba el viento que gemía en el bosque; odiaba los lobos que aullaban por las noches; odiaba la soledad. Y más que nada, odiaba a Nastai, que era tan buena y tan bella como su hija era de fea y malhumorada.

Un día la mendiga anunció:
—¡Nos marchamos! Ordenó al hombre ingenuo que reuniera a los renos, que alistara el trineo y que lo llenara con todo lo que había en la choza. Luego ella y su hija se subieron en él.
—¡No se olviden de mí! —sollozó Nastai.
—¿Quién te quiere a ti? —se burló la mujer mala, y le ordenó al hombre ingenuo que arreara a los renos y que se pusieran en marcha.

EL TRINEO
Antiguamente los saame viajaban en trineos tirados por renos. Los angostos patines de madera se deslizaban con facilidad sobre la nieve.

MOTONIEVES
Ari y su familia arrean venados utilizando sus motonieves, trineos motorizados montados sobre esquíes.

La mendiga se alejó con el padre de Nastai y con todo lo que poseían.

La voz de su madre le dijo a Nastai cómo atrapar a un pequeño reno.

UN LAGO LLENO DE PECES
Nastai pescaba en uno de los miles de lagos y ríos que se encuentran en los bosques de pino de Finlandia. Las aguas están llenas de peces, y Ari pesca en ellas en busca de truchas y salmón. *Trucha*

La choza quedó vacía. Nastai se echó a llorar. —Se han llevado las redes, las trampas, los renos y también a papá. ¿De qué voy a vivir? Se lo han llevado todo.

—No todo —dijo una voz dulce.

—¿Madre? —preguntó Nastai. Se volteó, pero no vio a nadie.

—Busca bien —dijo la voz de su madre—. Olvidaron algo.

Nastai buscó por todas partes. ¿Qué podría ser? Entonces el sol iluminó una hebra de hilo que se había quedado enganchado en las maderas del piso. La cogió y tiró suavemente de ella. Mientras más tiraba, más hilo salía.

—Anuda el hilo y haz una red —dijo su madre—. Luego échala al lago.

Nastai obedeció. Para su regocijo, la red muy pronto estaba llena de peces. Esa noche comió una deliciosa sopa de pescado.

—Ahora sal al bosque y encuentra un pino joven. Haz una trenza con sus raíces y tendrás una soga. Con eso atrapa un reno pequeño —dijo la voz de su madre.

Nastai obedeció. Hizo una soga, atrapó un reno pequeño y lo dejó bien atado afuera de la choza. A la mañana siguiente, se sorprendió al ver a la mamá parada junto a su cría. Al día siguiente, el reno macho llegó con uno de sus hijos, y muy pronto el resto del rebaño se había reunido afuera de la choza. Ahora Nastai tenía suficiente comida, leche de reno y compañía.

Mientras tanto, la mendiga y su hija habían derrochado toda la riqueza del hombre ingenuo. Una vez más se habían quedado sin nada y a punto de morirse de hambre. Sólo les quedaba un reno. La mujer ordenó al hombre ingenuo que le pusiera el arnés.

—Regresaremos a tu choza. Al menos allí tendremos un techo para cobijarnos. Nastai ya debe estar muerta.

Y así regresaron los tres. Pero, ¡qué gran sorpresa se llevaron! Al acercarse a la choza, vieron un rebaño de renos que pastaba tranquilamente. Un hilo de humo salía de la chimenea y un olor delicioso a comida se escapaba por la puerta entreabierta.

Se apresuraron a entrar. Nastai se puso contentísima de ver a su padre.

—¡Muy bien! —dijo la mendiga—. Aquí tenemos todo lo que necesitamos.

Por primera vez en su vida, el hombre ingenuo habló con decisión.

—¡Ah, no! ¡Esta vez sí que no! Ésta es mi choza. Vete de aquí, mujer mendiga, y llévate a tu horrible hija contigo.

Las echó a las dos de la casa y cerró la puerta con fuerza.

Nastai le sirvió a su padre la mejor sopa de pescado que nunca había comido, y desde entonces los dos vivieron muy contentos.

MADRE E HIJO
Una madre reno buscará a un crío que se ha perdido. Lanzará fuertes gruñidos y, cuando su crío responda, seguirá sus sonidos hasta encontrarlo.

Nastai le dio la bienvenida a su padre.

La bruja de las arenas

AL OTRO LADO DE LAS ARENAS QUE CANTAN, donde el sonido de un sólo paso sobre la arena blanca y brillante se puede oír a cien millas de distancia, vivía una bruja mala a quien le gustaba robarse a los niños.

El pastor construyó una casa en lo alto de un árbol para sus hijos.

Era por eso que un pastor de vacas del desierto decidió construir una casa en un árbol para sus tres hijos pequeños que se habían quedado sin madre. Construyó la casa en lo alto de un árbol de acacia, y la única manera de subir o de bajar era por una escalera de soga.

Cada día, el pastor les advertía a sus hijos: —Mientras yo no esté, no le bajen la escalera a nadie. Sabrán que he regresado cuando oigan tres silbidos.

Los niños se lo prometían. Y cada día, mientras el padre llevaba su ganado a pastar al desierto, se pasaban el día trepando por las ramas del árbol, felices de la vida. Cada atardecer, al oír los tres silbidos de su padre, dejaban caer la escalera de soga.

Pero un día llegó la bruja mala y se sentó a la sombra del árbol de acacia. Sabía que, desde arriba, tres pares de ojos la estaban mirando.

—¡Niñitos! —dijo con su ronca voz—, dejen bajar la escalera para que pueda subir a ver su linda casa en el árbol.

Pero como no oyeron silbido alguno, los niños no dejaron caer la escalera.

La bruja mala se escondió. A la noche siguiente, cuando regresó el papá, lo oyó silbar tres veces y vio que bajaban la escalera.

"¡Ahora sí!" pensó feliz la bruja. "¡Así mismo lo haré yo!"

Los niños le contaron a su padre que una mujer anciana había pasado por allí.

BAKANG

Bakang Gabankalafe vive en un pueblo llamado Tshabong en Botswana. Tshabong está al borde del desierto de Kalahari, donde viven los niños de este cuento.

EL DESIERTO DE KALAHARI

El Kalahari es tan seco que los pastores de vacas, como el padre de los niños del cuento y el padre de Bakang, viajan grandes distancias en busca de agua para sus ganados. Hacia el sur están "Las arenas que cantan," donde la arena produce un sonido si uno la pisa.

EL HOGAR DE BAKANG

Bakang y su madre viven en una casa hecha de tierra y estiércol seco de vaca.

Tres pares de ojos se fijaron en la bruja.

—Tengan cuidado— les dijo el padre—. Es posible que haya sido la bruja mala de las arenas que cantan.

Al día siguiente, cuando el papá se había ido al desierto, regresó la bruja. Silbó tres veces. Los niños bajaron la escalera, y la bruja subió.

—¡Ya los atrapé! —gritó. Cogió a dos de los niños bajo un brazo y al tercero debajo del otro y se fue corriendo.

Cuando el padre regresó a la casa, vio que la escalera colgaba al viento.

EL GUARDIÁN DE LAS BRUJAS
En Botsuana, alguna gente cree que los buhos protegen a las brujas malas avisándoles cuando alguien se acerca.

LA HIENA MANCHADA
Se dice que las brujas cabalgan sobre el lomo de las hienas. Las hienas son cazadores feroces, de aspecto perruno, que no temen atacar a los seres humanos.

Un tambor de Camerún

TAMBORES AFRICANOS
Algunos africanos creen que los tambores tienen poderes mágicos, como el tambor del cuento. Solamente los hombres más importantes, como los sabios, poseen tambores y pueden permitir que otros los toquen.

Un tambor del Congo

DISFRAZ MÁGICO
En algunos lugares de África la gente se pinta el cuerpo con pintura o con cenizas para adquirir poderes mágicos.

VARAS MÁGICAS
Los curanderos tradicionales africanos usan varas para llamar a los espíritus que sanan. Se cree que las brujas también usan varas para llamar a los espíritus malévolos.

...se echó un manto encima...

Comprendió que algo terrible había sucedido. La casa en lo alto del árbol estaba vacía y sus hijos habían desaparecido. Sintió que el corazón se le rompía. Corrió llorando al desierto. —¿Alguien ha visto a mis niños?

El pastor corrió a la casa de un hombre sabio y cayó a sus pies. —¡Ayúdeme, ayúdeme! Mis tres niños han desaparecido. Temo que la bruja mala de las arenas que cantan se los ha robado. ¿Qué puedo hacer?

—Sólo hay una manera de recobrar a tus hijos, y es matar a la bruja. La única manera de matarla es romper la vara mágica donde yacen todos sus poderes. Y la única manera de cruzar las arenas que cantan sin que ella te oiga es llevar mi tambor dorado y tocarlo con este palo —le dijo el hombre sabio.

El pastor se frotó cenizas en el pelo y escondió el tambor dorado bajo su manto. Disfrazado de viejito, se fue hacia las arenas que cantan.

Cuando llegó a ese lugar blanco y resplandeciente, antes de poner un sólo pie sobre las arenas, comenzó a batir el tambor mágico. Logró cruzar el arenal tan suavemente como el latido de un corazón.

Al otro lado vio la choza de la bruja. Fue cojeando hasta su puerta. —¡Ay! ¡Mi pobre estómago adolorido! ¿Habrá alguna persona bondadosa que le dé una migaja de pan a este viejito que se está muriendo de hambre?

—¡No le oí llegar! —gritó la bruja—. ¡Váyase de aquí! Pero entonces se dio cuenta que el viejito escondía un tambor dorado debajo de su manto. Quiso apoderarse del tambor.

—Ahora que lo pienso —dijo con una sonrisa de cocodrilo—, es posible que tenga unas cuantas sobras de comida. Entre nomás.

El pastor se frotó cenizas en el pelo...

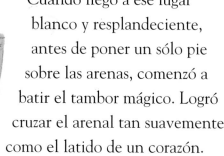

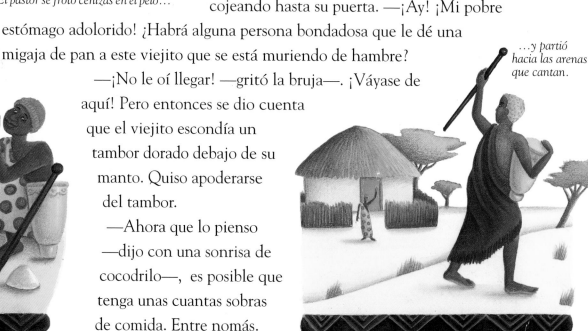

...y partió hacia las arenas que cantan.

El pastor quebró la vara mágica.

Adentro había una olla grande que hervía. La bruja revolvía los contenido de la olla con su vara mágica. En un rincón oscuro tres pares de ojos brillaban de miedo, y el pastor supo que al fin había encontrado a sus hijos.

—¡Mmm! ¡Qué rico huele! —dijo, metiendo las narices en el vapor.

—Puede probar un poco cuando termine de añadirle este polvo —dijo la bruja, pensando envenenar al viejo y luego robarle el tambor. Por un momento soltó la vara para echarle el veneno a la sopa. En ese instante, el ganadero agarró la vara y la rompió sobre sus rodillas. La bruja lanzó un grito, pero antes de que pudiera decir palabra, se había convertido en un montoncito de polvo.

El ganadero abrazó feliz a sus hijos y se los llevó de regreso a casa. Esta vez, al cruzar las arenas que cantan, no se preocupó de tocar el tambor dorado. Y todos estuvieron muy felices de oírlos llegar.

POCIÓN MÁGICA
En Botsuana se dice que las brujas mezclan distintas hierbas locales para hacer polvos que envenenan o adormecen a sus víctimas.

La palmera de aceite o palmera africana

ARENAS BLANCAS
Algunas arenas del desierto son blancas, tal vez porque hace muchos años, los ríos trajeron al área minerales que, al secarse, dejaron un color blanco brillante.

31

La ciudad paraíso

HABÍA UNA VEZ UN REY cuyo reino era enorme y muy próspero. Este rey no sólo era incomparablemente rico: además tenía una bella esposa, dos nobles hijos y un glorioso palacio con los jardines y los patios más hermosos del mundo árabe.

HOUDA
Houda Elazhar vive en Salé, Marruecos. Houda y su familia son musulmanes. Los musulmanes creen que después de la muerte, la gente buena va a un lugar llamado el paraíso.

SU HOGAR
Houda vive en una casa construida al estilo tradicional marroquí, con habitaciones situadas alrededor de patios de azulejos, así como en el palacio del rey del cuento.

LOS REYES DE MARRUECOS
Marruecos ha sido gobernado por reyes por más de mil años. Este cuento les advierte de la importancia de ser humildes.

En su patio favorito, el rey se puso a leer sobre el paraíso.

Pero el rey no estaba satisfecho. Estaba seguro de que era posible poseer algo mejor. Interrogaba a los estudiosos y a los sabios, rebuscaba en libros y manuscritos y le preguntaba a cada viajero que pasaba por la ciudad si había visto algún reino mejor que el suyo.

—No, Señor mío —replicaban invariablemente—. Nunca hemos visto nada que pueda compararse a su reino.

Un día, el rey encontró un enorme libro polvoriento en un rincón escondido de la biblioteca. Lo abrió y empezó a leer de un lugar llamado el paraíso. Era el lugar más bello de todos, más bello que nada que existiera sobre la tierra, y era donde la gente buena iba después de la muerte. Mientras más leía, más trataba de imaginarse cómo sería el paraíso.

Reunieron los materiales más preciosos para decorar la ciudad paraíso.

Seguramente que allí los palacios serían de oro y de plata y los patios estarían decorados con diamantes; los jardines llenos de arroyos refrescantes, árboles exóticos y flores de dulce aroma. Seguramente que en ningún lugar sobre la tierra habría mas felicidad y más sosiego.

El rey estaba decidido a construir un lugar así. Él crearía un paraíso en la tierra.

Reunió a sus cortesanos y a sus nobles, a sus arquitectos y a sus artesanos y les ordenó construir una ciudad llena de palacios resplandecientes y de jardines gloriosos. Debía tener palacios de aire y luz, de agua y mármol, de madera, oro y plata, decorados con los metales más preciosos y las joyas más finas. Las torres y los pináculos alcanzarían más allá de las nubes; las paredes de la ciudad, decoradas con piedras preciosas, tendrían un resplandor que se vería desde el horizonte más lejano; habría jardines tan perfumados que vendrían pájaros de todos los rincones del mundo y no querrían irse nunca.

—Pero, Señor —protestó el arquitecto mayor—, si usted ya tiene la ciudad más bella, con los mejores palacios y jardines del mundo entero. ¿Cómo podremos construir algo mejor?

El rey rugió:

—¡Vayan y hagan todo tal y como lo he ordenado!

Entonces los constructores, los artesanos, los arquitectos y los trabajadores fueron hasta los confines del mundo en busca de los materiales más preciosos que la tierra pudiera ofrecerles.

El rey encabezó la procesión a la ciudad de los palacios de piedras preciosas.

Poco a poco fueron edificando los palacios, cien de ellos, uno para cada uno de los nobles. Tenían columnas de rubí y de ópalo y pisos incrustados con ámbar y amatista. Las habitaciones resplandecían con zafiros, topacios, turmalinas y esmeraldas.

Los años pasaban y la construcción seguía. Se crearon jardines con fuentes de perfume, con arroyos llenos de diamantes y con árboles, arbustos

y flores de una belleza tan exquisita que los pájaros cantaban como si fueran ángeles.

El rey estaba tan preocupado con la construcción de su paraíso, que casi no se dio cuenta cuando murió su esposa, sus hijos se marcharon para buscar fortuna y sus amigos y consejeros, poco a poco, fueron envejeciendo y falleciendo.

Cuando por fin se terminó de construir la ciudad, el rey, ya viejo, ordenó una magnífica ceremonia de inauguración. Iría en procesión para ver su obra maestra. Con sus ejércitos, sus sirvientes y sus cortesanos, cabalgó hasta las puertas doradas de la gloriosa ciudad.

—¡Fíjense bien! ¿No es éste el palacio más espléndido que existe en todo el cielo o la tierra? Su voz resonaba entre las torres solitarias, y por las habitaciones vacías se oían retumbar los ecos de su arrogancia y de su orgullo.

—Lo que he creado, ¿no es el paraíso mismo?

Acababan de escaparse las palabras de sus labios cuando el cielo se oscureció. Un terrible ruido sordo se escapó de la tierra y las paredes empezaron a temblar. Los caballos relincharon y la gente se estremeció.

—¡Miren! —gritó una voz llena de miedo. Todos miraron, horrorizados, las grietas que comenzaban a abrirse bajo sus pies. Los jardines, los maravillosos palacios, las torres de la ciudad con sus piedras preciosas, todas las personas y los animales, todo comenzó a hundirse.

—¡Mi sueño, mi sueño! —lloraba el rey codicioso, mientras la tierra se lo tragaba a él también.

No quedó nada. Ni un sólo arbusto, ni un pájaro o un arroyo; ni un minarete o una joya brillante o una piedra de mármol. Nada quedó de la ciudad paraíso, más que los arenales del desierto que cubren sus huellas y el viento que gime sobre las dunas.

La tierra se tragó entera a la bella ciudad.

EL RESPLANDOR DE LAS JOYAS
Para construir la ciudad, el rey usó los cristales, las piedras y las joyas más bellas, más preciosas y más resistentes del mundo.

ámbar, diamantes, zafiro, mármol, topacio, turmalina, esmeralda, ópalo, amatista, rubí, rubí espinela

LAS PUERTAS DE ORO
Marruecos tiene aún magníficos palacios. Éstas son las puertas de Dar Aselam en el palacio real de Fes.

El nacimiento de Krisna

MEENA
Meena vive con su familia en Nueva Delhi, la capital de la India. Meena es hindú. Los hindúes adoran a Visnú y a otros dioses.

EL DIOS PRESERVADOR
Visnú mantiene el balance entre el bien y el mal en el universo. Cuando el mal prevalece, Visnú vuelve a nacer para restaurar el bien. Las encarnaciones terrestres de Visnú se llaman "avatares". Krisna es el octavo avatar de Visnú.

Devaki

Vasudeva

EL TEXTO SAGRADO
La historia del nacimiento de Krisna se encuentra en el *Bhagavata-Purana*, un texto religioso muy popular.

KANSA ERA UN REY MALVADO que vivía hace mucho tiempo. Un día, un adivino le dijo que moriría a manos del octavo hijo que tuviera su hermana, Devaki. Kansa se enfureció y ordenó que vigilaran a Devaki y a su esposo, Vasudeva, día y noche. Dio órdenes de matar a cualquier hijo que tuvieran. Y así, a los primeros siete hijos que tuvo Devaki los mataron de recién nacidos.

El malvado de Kansa ordenó que encadenaran a Devaki y a Vasudeva en un calabozo.

Kansa quería mantener en secreto su terrible plan. Amenazó a los guardias con pena de muerte si decían una sola palabra. No quería que se enterasen los dioses, pero los dioses sí se enteraron. El Señor Visnú, el Preservador, dios de la Bondad y la Compasión, con el poder de renacer una y otra vez de muchas maneras distintas, decidió ser el octavo hijo de Devaki y se convirtió en el bebé que Devaki llevaba en su vientre.

Cuando estaba por nacer el octavo hijo de Devaki, Kansa no quiso correr riesgo alguno. Mandó echar a Devaki y a Vasudeva al calabozo, con un guardia armado que vigilase la puerta día y noche.

Era medianoche. Una extraña calma se extendía por el mundo entero. Todo estaba tan tranquilo que no había ni el más leve soplo de viento que levantase el polvo del suelo. Devaki dio un grito. El cuerpo oscuro y húmedo de un niñito salió resbalando al mundo y el universo tembló de alegría. En el cielo, los tambores repicaban con frenesí. El Señor Indra dejó caer una lluvia de flores y de rocío. Las diosas, los ángeles, las ninfas y los santos comenzaron a cantar. —¡El Señor Visnú ha vuelto a nacer en forma de hombre, y se llama Krisna!

Vasudeva sostuvo al bebé con temor. ¿Cómo podría protegerlo?

De repente, Krisna abrió los ojos. Era como si se estuviesen abriendo las

Cuando el pequeño Krisna abrió los ojos, la puerta del calabozo se abrió sola.

ventanas del cielo; era como si una llave abriese la cerradura. Devaki y Vasudeva se llenaron de asombro al ver que las cadenas se les caían del cuerpo y la puerta del calabozo se abría por sí sola. Afuera, los guardias estaban profundamente dormidos.

—¡Corre! ¡Salva a nuestro bebé! —susurró Devaki. Tenía la cara cubierta de lágrimas, porque tenía muchas ganas de quedarse con el recién nacido, darle su pecho y cubrirlo de besos. Por un momento, la familia se abrazó, y luego Vasudeva se fue corriendo con el bebé.

Corrió hasta llegar a las márgenes del río Yamuna. Si sólo lograba cruzarlo, estarían a salvo, porque al otro lado del río vivían un pastor y su esposa, Nanda y Yasoda. Eran personas buenas y honestas que cuidarían a Krisna como si fuese su propio hijo.

Vasudeva entró al agua. Había cruzado la mitad del río cuando comenzó una tormenta. Las aguas se agitaban con furia. Pronto Vasudeva tuvo que alzar al bebé por encima de su cabeza.

Vasudeva alzó al niño en sus brazos mientras subían las aguas.

EL RÍO YAMUNA
El río Yamuna atraviesa Nueva Delhi, la ciudad donde vive Meena, en su recorrido para unirse con el sagrado río Ganges.

EL PASTOR DE VACAS
El pequeño Krisna, Nanda y Yasoda aparecen en muchas de las bellas y pequeñas pinturas indias llamadas miniaturas.

Krisna se crió como el hijo de Nanda, un pastor de vacas.

Pensó que los dos iban a terminar ahogados. En eso, Krisna extendió un pie y lo metió en las olas. Milagrosamente, las aguas se calmaron, y Vasudeva logró alcanzar el otro lado.

Nanda y Yasoda recibieron al niño. —No te preocupes —le dijeron—. Lo vamos a atesorar como si fuera un dios. Vasudeva les agradeció y fue a reunirse con su esposa.

Y así fue que Krisna se crió como el hijo de un pastor de vacas. Jugaba y correteaba, portándose bien y portándose mal como cualquier otro niño.

LA SERPIENTE DEMONIO
Los hindúes creen que las *nagas* (serpientes sagradas) tienen el poder de la destrucción. Esta máscara de madera pintada representa una *naga rassa* (serpiente demonio).

KRISNA
Generalmente se representa a Krisna con la piel azul, el color del cielo y de los océanos.

FESTIVAL DE HOLI
En el festival de Holi, la gente imita cómo jugaba Krisna con las hijas de los pastores.

A veces era muy travieso. Cuando le llamaban la atención, se podía oír su nombre desde el otro lado de la pradera. —¡Krisna está haciendo travesuras! ¡Krisna está robándole leche a las lecheras y llevándose la mantequilla de sus mantequeras! ¡Krisna se está colgando de la cola de las vacas para que lo arrastren por la hierba!

—¿Es verdad, Krisna? —le preguntaba su madre, y él la miraba con sus ojos negros y comenzaba a reír, mostrando los dientes blancos que brillaban como estrellas. Nadie podía enfadarse con él por mucho tiempo.

Yasoda tenía los mismos miedos y esperanzas que tendría cualquier madre. Le advertía de los peligros que lo rodeaban, como la diabla gigante que se comía a los niños y la *naga* que vivía junto a las márgenes del río.

Un día, los niños del pueblo corrieron a ver a Yasoda y le contaron que Krisna había estado comiendo tiza. —¿Es verdad? ¿Has estado comiendo tiza? —le preguntó.

—No es verdad —contestó Krisna—. Nada más quieren meterme en líos.

—Abre la boca. ¡Déjame ver! —dijo Yasoda.

Krisna abrió la boca. Yasoda miró hacia adentro. El tiempo y el espacio se quedaron fijos. Estaba mirando dentro de la boca de la eternidad. Vio la creación del Cielo y de la Tierra. Vio todos los planetas y las galaxias del universo. Vio la Tierra, el Agua, el Fuego y el Aire. Vio volcanes y terremotos, cadenas de montañas que nacían, ríos que corrían, selvas, desiertos y océanos brillantes. Vio a su propio pueblo y a los pastores que cuidaban el ganado. Vio a la Vida y a la Muerte.

Yasoda estaba mirando a la creación misma en la boca del Señor Visnú. Comprendió que no tenía que preocuparse por proteger a Krisna; era él quien la protegería a ella.

Krisna cerró la boca, y Yasoda inmediatamente se olvidó de todo lo que había visto. Pero el corazon le rebosaba de amor; lo abrazó y ya nunca más tuvo miedo.

EL TEMPLO DE MEENA
Los hindúes hacen devociones diarias, ya sea en su casa o en el templo. Meena y su familia van con frecuencia a este santuario local a orar.

Yasoda vio la creación entera cuando miró en la boca de Krisna.

Gulnara la guerrera

GULNARA Y SUS HERMANAS vivían en un *ger* en la planicie de Mongolia, con su padre y un caballo castaño. Un día, un mensajero ordenó que todo hombre fuera a pelear en el ejército del Khan. El padre de Gulnara se retorció las manos.

El padre de Gulnara no quería ir la guerra.

—Soy muy viejo. Temo que no le serviré de nada.

—¡No importa! —declaró el mensajero—. Una orden es una orden. Si no obedece, los hombres del Khan le cortarán la cabeza.

—¡No te preocupes, padre! —dijo la hija mayor—. Yo iré en tu lugar. Tomó el arco y la espada de su padre, se subió de un salto al lomo del caballo castaño, y se marchó a todo galope. Cabalgó hasta que llegó a la montaña de hierro. Allí encontró, cortándole el paso, una malvada zorra negra con una cola de tres leguas de largo. El caballo se empinó aterrorizado y regresó corriendo a casa.

—¡Permíteme a mí, padre! —dijo la segunda hija. Tomó el arco y la espada, saltó sobre el caballo castaño, y se fue a todo galope.

Cuando llegó a la montaña de hierro encontró un enorme lobo, con una cola de tres metros de largo, cortándole el paso. El caballo se empinó y, lleno de miedo, regresó corriendo a casa. El padre gimió: —Esto no es trabajo de mujeres. Si no voy yo, los hombres del Khan me cortarán la cabeza.

Gulnara se adelantó. —Soy la más joven, pero soy más alta y más fuerte que mis hermanas. Estoy segura que lograré cruzar la montaña de hierro. Tomando el arco y la espada, Gulnara saltó sobre el caballo castaño y se fue a todo galope.

ERDENE
Erdene vive en un área remota de Mongolia llamada Tsalu, una llanura cubierta de pasto y rodeada de cerros. Su familia cría caballos, vacas, ovejas y cabras.

EL JINETE
Al igual que Gulnara, Erdene es un diestro jinete. Tiene su propio caballo al que monta todos los días durante el verano.

LA CASA DE ERDENE
Erdene vive en una casa al estilo tradicional de Mongolia. Es una tienda llamada *ger* como la de Gulnara.

Un ciervo enorme le cortó el paso a Gulnara.

Pronto llegó a la montaña de hierro. Cortándole el paso había un enorme ciervo, con seis feroces cuernos. El caballo comenzó a levantarse.

—Quédate quieto —susurró Gulnara—, para que pueda poner una flecha en el arco. Sus palabras suaves tranquilizaron al caballo. Gulnara disparó. Cada flecha dio en el blanco. La criatura temible cayó al suelo. Triunfante, Gulnara comenzó a cruzar la montaña. El cielo se oscureció, y un enorme cisne comenzó a descender. Gulnara sacó otra flecha, pero el cisne le habló:

—¡Detente! He venido a agradecerte por haber matado al ciervo. Me has liberado de él. Toma una pluma mía; te dará mis poderes.

Una pluma blanca cayó al suelo. Gulnara la metió dentro de su camisa y terminó de cruzar la montaña de hierro.

El Khan estaba festejando en su tienda de hierro cuando llegó Gulnara.

ANIMALES MÁGICOS
Los mongoles pensaban que los animales que les rodeaban, como los zorros, los lobos y los renos, tenían poderes mágicos.

UN LOBO
Una vez Erdene vio un lobo cuando estaba pastoreando. Dice: —Tuve mucho miedo, y salí corriendo.

Gulnara entró decididamente a la carpa del Khan sin formalidad alguna.

CHINGHIS KHAN
Es probable que el Khan o gobernante del cuento sea Chinghis Khan. Alrededor de 1200, Chinghis Khan conquistó un vasto imperio en Asia que se extendía desde la China hasta Irán. Famoso por su crueldad, a veces castigaba severamente a quienes no lo trataran con el debido respeto.

Gulnara encontró al ejército del Khan separado del ejército enemigo por las aguas de un río torrencial.

EL EJÉRCITO DEL KHAN
Chinghis enviaba su ejército para acabar con sus rivales, otros gobernantes mongoles como Khan Kuzlun. Muchos de sus generales eran sus propios hijos o guerreros elegidos por su lealtad y determinación.

—¿Qué señor eres, que no te arrodillas ante mí? —gritó.

—No soy ningún señor, sólo una doncella, y no me arrodillo ante ningún hombre. He venido a pelear, tal como usted ordenó.

—No pedí ninguna mujer. En todo caso, mis ejércitos ya se han marchado a pelear en contra del Khan Kuzlun.

—En ese caso, me apresuraré para encontrarlos —declaró Gulnara.

Cabalgó hasta el anocher y encontró al ejercito del Khan al lado de un río turbulento. Al otro lado del río estaba el ejército del Khan Kuzlun.

Los generales estaban desesperados. —¿Cómo podremos cruzar el río?

Gulnara apretó la pluma de cisne. Inmediatamente se convirtió en un cisne, voló por encima de la torrente, y aterrizó en frente de la carpa del Khan Kuzlun.

El Khan Kuzlun conversaba con su esposa. —Podemos cruzar el río por el puente de pelo de caballo cerca del álamo de hierro.

—¿Qué haremos si el ejército del Gran Khan encuentra el puente?

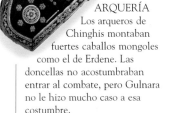

ARQUERÍA
Los arqueros de Chinghis montaban fuertes caballos mongoles como el de Erdene. Las doncellas no acostumbraban entrar al combate, pero Gulnara no le hizo mucho caso a esa costumbre.

—Convertiré a nuestro ejército en cenizas, a mí en camello, a ti en un pedazo de hierro y a nuestra hija en un abedul plateado.

Gulnara regresó volando al otro lado del río y volvió a tomar forma humana. Despertó a los generales y les mostró dónde cruzar el río. En el campamento enemigo, todo lo que hallaron fue una pila de cenizas, un camello, un pedazo de hierro, y un abedul plateado. —¡Te has burlado de nosotros! —rugieron los generales.

Gulnara amarró al camello a la cola de su caballo, puso el pedazo de hierro en su bolsillo, guardó las cenizas en su alforja y cargó el abedul plateado bajo un brazo. Luego regresó a la corte del Khan y se los presentó. En un instante, se transformaron. Allí estaba el Khan Kuzlun, su mujer y su hija y nueve mil soldados. Todos quedaron atónitos.

—¡Gulnara! —dijeron—. ¿Qué haremos?

—¡La paz es mejor que la guerra! —respondió la doncella—. Establezcan la amistad.

Así que los Khanes se hicieron amigos, y Gulnara cabalgó de regreso a su casa en el caballo castaño.

Gulnara presentó al Khan el camello, el trozo de hierro, las cenizas y el abedul plateado.

EL ABEDUL DE PLATA
El Khan Kuzlun, su familia y el ejército, se convirtieron en cosas comunes que para los mongoles eran mágicas, como los árboles y el hierro.

LOS CAMELLOS
Los camellos que viven en Mongolia tienen dos jorobas.

Rona y la luna

EN LA COSTA NORTE de la Isla del Norte, en una playa de arenas plateadas, vivía una mujer maorí llamada Rona. Vivía con su esposo y sus dos hijos, y ¡qué vida tan feliz llevaban!

Todos los días, el esposo de Rona salía en canoa con los demás guerreros a pescar, mientras sus dos hijos nadaban con los delfines. Todos las noches, Rona se encargaba de que las piedras para cocinar estuvieran lo suficientemente calientes como para preparar una deliciosa cena con el pescado fresco que su esposo traía.

Todo hubiera sido perfecto, de no ser por un detalle. Rona tenía muy mal carácter. Era capaz de encolerizarse y perder el control por la menor cosa. Pero su esposo y sus hijos la querían de todos modos.

Una noche de verano, la luna estaba tan llena y tan brillante que los peces subieron a la superficie del mar, cubriéndolo con el resplandor de sus escamas plateadas.

Rona se llenaba de ira.

—Es una noche perfecta para pescar —dijo el esposo de Rona—. Me llevaré a los niños en la canoa con los guerreros. Pescaremos la noche entera y todo el día de mañana. Mañana por la noche, a esta misma hora, estaremos de regreso y muy hambrientos; así que ten las piedras calentitas y en su punto, para que podamos cocinar nuestras presas de inmediato.

Rona se lo prometió, pensando que iba a disfrutar de estar un rato a solas. Durmió toda la noche y no se despertó hasta que el sol ya había salido.

Buñuelo de
mejillones

Mariscos

Panecillos

LA COMIDA
DEL MAR
La familia de
Ngawaiata, como la
de Rona, se alimenta de
los peces y mariscos de la bahía.
Rona cocina al estilo tradicional
maorí: pone el
pescado sobre
piedras calientes
y luego lo
mete en un
horno de
barro.

Pez de San Pedro,
un pez comestible

Caminó sin rumbo fijo todo el día, recolectando leña para el fuego y
calentando las piedras para cocinar. De vez en cuando, le echaba un poco de
agua a las piedras, pues nada lo enfadaba más a su esposo que cuando las
piedras quemaban el pescado por estar demasiado calientes.

El sol se sumergió en el mar, cubriéndolo de oro. La luna se levantó,
mezclando plata con el oro. Rona, deslumbrada, se hundió en un sueño.

—¡A casa, derecho! ¡Rememos otro trecho!
Las voces del padre y de sus hijos se oían claramente a la distancia en la noche
oscura. Rona se despertó, sobresaltada. ¿Cuánto tiempo habría dormido? El sol
dorado había desaparecido. Sólo quedaba el mar oscuro y la luna de plata.
Corrió a la hoguera. Las llamas todavía flameaban, pero ¡qué desgracia!
Las piedras para cocinar estaban ardientes. No las había refrescado
por horas y las dos jícaras de calabaza estaban vacías.

—¡A casa, derecho! —Se acercaban las voces,
hambrientas y ansiosas por llegar para disfrutar de una
deliciosa cena. Llena de pánico, Rona tomó las
calabazas y empezó a correr hacia la fuente.

El camino era pedregoso y
empinado.

*Después de haber
completado su trabajo,
Rona se quedó dormida y
comenzó a soñar.*

Rona se cayó y derramó el agua.

Rona trepó y tropezó, vociferando y maldiciendo, pero al fin llegó a la fuente y pudo llenar las calabazas. Con una calabaza sobre cada cadera, inició su retorno por el mismo camino pedregoso. En el lugar más escarpado, la luna desapareció tras una nube dejando a Rona en completa oscuridad.

Rona resbaló y se cayó. Las jícaras se hicieron añicos. El agua se derramó. Golpeada y adolorida, Rona se levantó del suelo.

Entonces la luna volvió a salir, como si se estuviera burlando de ella.

—¡Sonriente idiota! ¡Inútil pedazo de piedra que estás en el cielo! ¡Mira lo que me has hecho hacer por esconder tu luz! —gritó enfurecida—. ¡Pokokuhua, cabeza dura!

La luna en general era un ser tranquilo, que flotaba muy por encima de las pequeñeces mundanas, pero los insultos de Rona fueron demasiado para ella. Se despegó del cielo y antes de que Rona pudiera volver a decir "Pokokuhua", se la llevó consigo.

—¡Oh no, que no! —chilló Rona, agarrándose de las ramas de un árbol de ngaio y aferrándose a él con todas sus fuerzas.

—¡Oh sí, que sí! —le anunció la luna. Con un potente tirón, se llevó a Rona consigo hasta el cielo.

Cuando el padre y los hijos regresaron, encontraron una hoguera voraz y las piedras demasiado ardientes para cocinar. Pero, ¿dónde estaba Rona? La buscaron, llamándola, desde la salida del sol hasta el ocaso.

Cayó la noche. Exhaustos, se desplomaron sobre la tierra mientras fijaban su mirada en el cielo estrellado.

MARINEROS FUERTES
Los maorí siempre han sido marineros expertos. La familia de Rona y los guerreros navegaban en canoa por muchas millas a través del océano para pescar. A Ngawaiata le encanta salir en velero con su padre.

Canoa y recipiente para achicar el agua.

KIWI
"Kiwi" es el nombre maorí para el pájaro más famoso de Nueva Zelandia, que se alimenta bajo la luz de la luna.

Un árbol de kowhai

EL ÁRBOL DE KOWHAI
Árboles como el ngaio y el kowhai crecen en las playas de Nueva Zelanda.

—¡La luna! ¡Miren la luna! —gritaron padre e hijos.

Sobre la reluciente esfera, se veía la silueta de una mujer que sujetaba dos calabazas, una bajo cada brazo. A Rona se le habían escapado demasiadas maldiciones. Ahora estaba condenada a flotar por el cielo para siempre.

—Kia mahara ki te he o Rona —dicen los maorís—. Recuerden lo que le sucedió a Rona.

LOS HABITANTES DE LA LUNA
En todas partes del mundo, las gentes dicen ver a alguien en la luna. Para los maorís es Rona. En Europa, la gente habla del "hombre en la luna".

La luna se llevó a Rona consigo al cielo.